オニちゃんの
寄せ植え
パーフェクト
BOOK

井上盛博

Welcome to flowonderful life!

welcome to flowonderful life!

みなさん、
今日も植物色の毎日
やってますか?

はじめに

「フラワンダフルライフ！みなさん、今日も植物色の毎日やってますか？」。オニちゃんこと、私、井上の代名詞ともなりましたこの言葉で始まるYouTube「オニちゃんねる」を始めてまる4年。前作の著書『植物色の毎日』が発刊されてからも、ちょうど4年がたちました。

この4年はみなさまもご存じのとおり、激動の時代。未知のウイルスに世界中がたじろぎ、変化を余儀なくされて……。社会や暮らしが大きく見直された時期でした。
そんななか、『植物色の毎日』が注目され、おうち時間で「園芸」「ガーデニング」「インテリアグリーン」が癒やしをもたらすツールとして関心を集めました。その後、コロナ禍明けで、関心事から園芸がなくなったのではと言われ始めましたが、コロナ禍中の園芸に対する興味や関心は実は〝本物で本質〟であると信じてやみません。そもそも興味のないものに注目など集まりませんよね。

ものすごいスピードで変わりゆく時代でも、いつもかたわらに植物や花は変わらず、その美しさや華やかさや癒やしを届けてくれました。そしてこれからの時代こそ！まさに〝植物色の毎日〟、〝フラワンダフルな時代〟です。みなさん、今からなのですよ！！

本書では植物や花と、もっとたわむれて楽しむ最高のすべを、あらためて声を大にして暮らしに欠かせない「花遊び・植物遊び」を推奨いたします。YouTube「オニちゃんねる」と連動した寄せ植えもたくさんありますので、本と動画を併せてご覧いただければ。そしてぜひみなさん、フラワンダフルライフをお楽しみください♪

元気で活きのいい植物＆マルシェ オニヅカ

井上盛博

ここでしか見られない限定動画！

【購入特典】
オニちゃんの
寄せ植えパーフェクト BOOK
ご購入ありがとうございます♪

●ページ内に記載している二次元コードをスマートフォンやタブレット端末のカメラやアプリで読み込んでいただくと、YouTube「オニちゃんねる」の過去の関連動画にリンクします。電子書籍からご覧になる場合は、別の端末で二次元コードを読み込んでご覧ください。

●寄せ植えに使用している草花の品種や鉢は、現在販売されていないものもあります。ご了承ください。

本書に出てくる寄せ植えの植えつけ図の見方

A ロベリア'春色くれよん ロベリア そらいろ'
B オレガノ'ケントビューティー'
C ロータス'コットンキャンディー'
D ロータス・クレティクス（株分け）
鉢のサイズ（植え込み部分）／
　直径21cm、高さ11cm

〈植えつけ図〉

寄せ植えを真上から見たときの、植物の場所（配置）を示しています。

※植えつけ図の〇は1ポットのまま植えていることを示し、△は株分けした苗ということを示しています。

〈植物名と鉢のサイズ〉

寄せ植えに入っている植物の名前と使用している鉢やバスケットのサイズを示しています。

第1章

やさしくて
まねしやすい寄せ植え

「寄せ植えって難しそう」「ハードルが高くて」、そんな声をよく耳にします。
大事なのは楽しみながら作ること！
自信のない方は、まねからスタート してみましょう。
まずは、簡単に作れる寄せ植えを季節ごとに紹介します。

第1章は、とくにまねしやすい寄せ植えに、
「FOR BEGINNERS」マークがついています。

園芸好きにとってワクワク感が止まらない春。
当店の売り場もかわいい花たちであふれんばかり。
さあ、心躍るこの季節に、寄せ植え作りをスタートしましょう！

ブルーの小花と多種の葉ものをミックス

小花がふわふわと広がるロベリアを、王冠のようなモチーフ
がついたブリキ製の鉢に植え込みました。リーフプランツは、
しだれるもの、立ち上がるものなど、タイプが異なるものを
合わせると、よりロベリアの花になじみます。花台の上に飾
れば、ひと鉢だけでも空間がグレードアップしますよ。

A ロベリア
　　‘春色くれよん　ロベリア　そらいろ’
B オレガノ‘ケントビューティー’
C ロータス‘コットンキャンディー’
D ロータス・クレティクス（株分け）
鉢のサイズ（植え込み部分）／
　　直径21㎝、高さ11㎝

35
La ... ture
vous apaise.

花も葉も魅力がアップする寄せ植え

単植でもボリュームが出て見栄えのするカリブラコア。そこに
リーフプランツを1〜2種プラスすると、お互いが引き立って
おしゃれ度がグンと増します。横長の鉢は前列、後列に配
置ができるので植えやすくておすすめ。花色と鉢の色を合わ
せると全体がしっくりとまとまります。

A カリブラコア
B ヒューケラ
C フォックスリータイム（株分け）
鉢のサイズ／28cm×15cm、高さ14cm

7

初夏の日ざしに映える元気色

手入れが楽で育てやすいカリブラコアをメインに使い、周囲がパッと明るくなるようなひと鉢に。奥に植えた白花ブルーデイジーの黄色い目や黄斑入りの葉との相性は抜群。広がるように咲くカリブラコアと、上に向かって咲く白花ブルーデイジーという、咲き方が異なる花を合わせているのもポイントです。

A カリブラコア‘春色くれよん
　　八重咲きカリブラコア れもん’
B 白花ブルーデイジー‘ペガサス’
C プリムローズジャスミン
D ベアグラス（株分け）
鉢のサイズ／直径23cm、高さ21cm

FOR BEGINNERS

A バーベナ
　'春色くれよん バーベナ あんずいろ'
B オレガノ'ノートンズゴールド'（株分け）
鉢のサイズ／直径22cm、高さ18cm

シンプルに花のよさを引き出す「3A3B」

はじめて寄せ植えを作る方にもおすすめの植え方「3A3B」。2種の植物を3ポットずつ植えるだけで〝ばえる〟最強の寄せ植えです。今回のAはバーベナ（花）、Bはオレガノ（リーフプランツ）。A、Bを別の花にしたり、同じ花で色違いを選んだりして、オリジナルな組み合わせを楽しみましょう！

FOR BEGINNERS

ダブルの花をさわやかな色でまとめて

使用した植物は4ポット。ペチュニアとカリブラコアは、いずれも八重咲きでボリュームがありますが、花色がさわやかなため重くならず軽快な印象に。後方に植えたラミウムは花もかわいらしいリーフプランツ。ヘデラも斑入りで明るい葉色を合わせました。淡い色合いがペチュニアとカリブラコアの花色とマッチします。

A ペチュニア'エメラルドコットン'
B カリブラコア'アロハダブル シトリック'
C ラミウム'ラミ ブラッシュ'
D ヘデラ'白雪姫'
鉢のサイズ／直径18㎝、高さ20㎝

YouTubeオニちゃんねる

【寄せ植え】タキイさんの
『くれよんシリーズ』って何?
春のイチオシ商品紹介♪

A カリブラコア ' 春色くれよん
　　八重咲きカリブラコア さくら'
B バーベナ'春色くれよん バーベナ くれない'
C ネメシア'春色くれよん ネメシア ぷりん'
D ユーフォルビア'ダイアモンドフロスト'

鉢のサイズ／直径22㎝、高さ24㎝

育てやすい花苗を集めた気軽なひと鉢

定番の花苗の中でも特に育てやすい品種を集めて寄せ植えに。手前にカリブラコアとポイントとなる赤いバーベナ、後方には草丈が少し高いネメシアを配置してバランスよく。どんな花ともマッチするユーフォルビア'ダイアモンドフロスト'を合わせれば、管理の手間もいらないひと鉢ができあがり!

やさしい桜色でまとめて春らしく

花もちがよく花色の変化も楽しめるナデシコを丸いシル
エットになるよう植え込みました。手前には同系色
のミニバラと軽やかな雰囲気のロータス、そしてどんな
植物にもなじむオレガノを合わせれば、春らしさ全開
の寄せ植えのできあがり。

A ナデシコ 'ミーテ さくらピンク'
B ミニバラ'姫乙女'
C オレガノ'ケントビューティー'（株分け）
D ロータス'コットンキャンディー'

鉢のサイズ／直径28cm、高さ13cm

A ペチュニア '純翠'
B マーガレット
　'ボンザマーガレット レモンイエロー'
C ヒペリカム
D テマリソウ 'レディイングリーン'
E ロータス・クレティクス（株分け）
鉢のサイズ／直径22㎝、高さ18㎝

イエロー～グリーンの
さわやかなグラデーション

グリーン系のペチュニアと、同じくグリーンの花（総苞）が
かわいらしいテマリソウに、レモンイエローのマーガレット
とライム色のヒペリカムを合わせました。寄せ植え全体で
グラデーションを作るようにするとうまくまとまりますよ。

ラベンダー色と
ホワイトでエレガントに

コンパクトにまとまる八重咲きのペチュニアをメインにした、エレガントで飽きのこない「3A」ベースの寄せ植え。まずペチュニア3ポットを正三角形になるように配置します。そこに、春以降に重宝する鉄板のカラーリーフ、トラディスカンティア'ラベンダー'や、動きのある斑入り葉のハゴロモジャスミンなどを合わせました。

※この寄せ植えの作り方は86〜87ページで紹介しています。

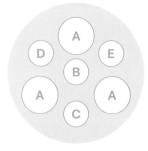

A ペチュニア
　'ギュギュ ダブルラベンダー'
B ユーフォルビア
　'ダイアモンドフロスト'
C トラディスカンティア
　'ラベンダー'
D ハゴロモジャスミン
　'ミルキーウェイ'
E ミスキャンタス

鉢のサイズ／直径24cm、高さ26cm

YouTubeオニちゃんねる

【寄せ植え】
お気に入りの鉢で
ペチュニアを使った
モコモコ植え

配置は簡単、見栄えは抜群!

和服を思わせる八重咲きのペチュニアをカップ形の鉢に植え込んで、洋風な雰囲気に。正三角形を作るようにペチュニア3ポットを配置して、間にシルバーリーフを合わせただけの「3A3B」がベースなのに、このゴージャス感！　四方見なのでどこから見てもきれい。ペチュニアを別の花色に変えて楽しんでもいいですね。

A ペチュニア'花衣 藍染'
B ロータス'コットンキャンディー'
C ヘリクリサム'シルバースター'
鉢のサイズ（カップ部分）／
直径28cm、高さ13cm

Summer 夏の寄せ植え

年々暑さが厳しくなっていますが、夏に強くて頼れる植物、
実はたくさんあるのです。植物とともに暑さを楽しんで、
元気に咲く花からはパワーをもらえますよ。

花色、葉色ともに
イエローで統一

ビデンスとランタナの花色、ブルーデイジーの目の色、そして葉の黄斑まで、どこかしらにイエローが入るようセレクト。色に統一性をもたせることで全体のバランスがとれてしっくりとまとまります。ブルーデイジーの花と同系色の鉢が、よりいっそうイエローを引き立たせてくれます。

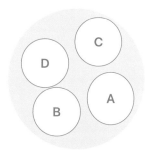

A ビデンス‘ハッピーエンパイア’
B 斑入り葉ランタナ
C 斑入り葉ブルーデイジー
D プリムローズジャスミン
鉢のサイズ／直径22cm、高さ20cm

癒やしの香りが漂うラベンダーのバスケット

高温多湿に弱いとされるイングリッシュラベンダーですが、改良が進み育てやすい品種が出てきています。花色も濃く株にボリュームも十分。バスケットに仕立てるとナチュラル感のある寄せ植えになります。そしてラベンダーの特徴といえば芳香。漂ってくる香りも楽しみましょう！

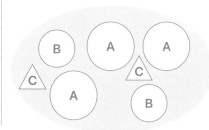

A イングリッシュラベンダー
　　‘シャインブルー’
B ユーフォルビア
　　‘ダイアモンドフロスト’
C オレガノ‘ケントビューティー’
　　（株分け）
バスケットのサイズ／
　　35cm×27cm、高さ20cm

17

ケイトウの
ビタミンカラーで
パワーアップ

元気があふれてくるような花穂が目を引くケイトウ。夏から秋まで長く楽しめます。草丈が低い矮性タイプのケイトウに、細い葉やこまかい葉を選んでいます。それらを夏の寄せ植えの定番、ユーフォルビア'ダイアモンドフロスト'でつなげば、元気色なのにさわやかさも漂う寄せ植えが完成！

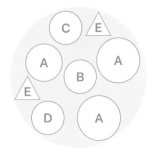

A 矮性タイプのウモウケイトウ
　（黄色、オレンジ、赤）
B ユーフォルビア
　'アスコットレインボー'
C ユーフォルビア
　'ダイアモンドフロスト'
D ディコンドラ
E キチジョウソウ（株分け）
鉢のサイズ／
　直径25㎝、高さ16㎝

寄せ植えの基本「3A」を色違いのペンタスで

暑さに強い花のひとつ、ペンタス。メインの花を3株入れる「3A」で植える際、同色でなく同系色の色違いにするだけでグレードアップした印象になります。リーフプランツは縦に伸びるもの、動きのあるもの、這うものなど、異なるタイプを合わせるとさらに変化が出せますよ。

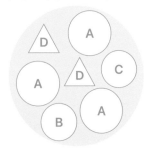

A ペンタス（赤、薄ピンク、濃ピンク）
B リシマキア・ヌンムラリア
C ベアグラス
D コロキア'オリーブリーフ'
　（株分け）
バスケットのサイズ／直径23㎝、高さ18㎝

手軽に作れる超シンプルな夏花寄せ植え

当店のベストセラー品種のひとつである最強夏花のガイラルディア'ガリア'と、まとまりのよいタイプのランタナをシンプルに合わせた「お手軽夏花寄せ植え」。ランタナは葉もきれいなので、リーフプランツとしても生かせるんです。ローメンテナンスなのもポイントです！

A ガイラルディア 'ガリア コーラルスパーク'
B ランタナ
鉢のサイズ／36cm×15cm、高さ18cm

FOR BEGINNERS

Bonjour
jardinage vie

A A

B C

A ニチニチソウ（ピンク）
B アルテルナンテラ'カメレオン'
C ポーチュラカ
　　'バレンシア　アイボリーポーチ'
鉢のサイズ／直径20㎝、高さ26㎝

ニチニチソウを生かすリーフプランツ選びがカギ

こちらも夏の寄せ植えには欠かせないニチニチソウ。次々と花が咲いてくれ、暑い時期に頼りになる存在です。花も葉もやや単調なニチニチソウには、銅葉や斑入り葉など葉色が特徴的なリーフプランツをセレクト。鉢もややインパクトがあるものを選ぶと、全体の存在感が増しますよ。

Autumn 秋の寄せ植え

夏が長く厳しくなっている分、とにかく待ち遠しいこの季節。
みんなが大好きなパンジー＆ビオラを筆頭に、魅力的な
花苗が続々登場します。寄せ植え作りのベストシーズンですよ！

簡単なのに
寄せ植え感バッチリの
「3A3B」植え

3ポットずつ2種類の植物を交互に植える「3A3B」。今回はA、Bとも花を植えていますが、Aを花、Bはリーフプランツにするなど、アレンジは無限大です。好きな植物を組み合わせて気軽に楽しみましょう！ 「3A3B」の植え込み方は、88〜89ページと、YouTube「オニちゃんねる」でも別の花で紹介していますよ。

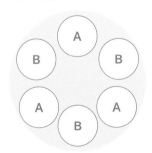

A ネメシア‘コットン’
B ストック‘ビンテージカッパー’
鉢のサイズ／直径19cm、高さ19cm

YouTube
オニちゃんねる
【寄せ植え】
11月の園芸シーズンど真ん中！
やってきました☆べっぴんさん！
うっとりするその姿、必見です♬

A-1 ビオラ‘見元ビオラ
　　 虹色カレン’
A-2 ビオラ‘見元ビオラ
　　 ひだまりラビン’
A-3 ビオラ‘うえたビオラ
　　 フェアリーフェネック’
B-1 クローバー
B-2 ヘデラ
B-3 ロータス‘ブリムストーン’
鉢のサイズ／
　　 直径18cm、高さ18cm

異なる素材で作る
花3、葉3の「3A3B」

22ページの寄せ植えと植え方はほぼ同じ「3A3B」で、花材をアレンジ。Aをビオラ3種（A-1〜3）、Bをリーフプランツ3種（B-1〜3）に変えただけで、ランクアップした寄せ植えに。ビオラは同系色か同じシリーズの色違いに、リーフプランツは葉色や葉形が異なるものを入れるとうまくまとまりますよ。

23

花のかわいらしさを引き出してシンプルに

かわいらしい釣り鐘咲きのガーデンシクラメンが完全な主役となるよう、植え方は「3A3B」をベースにしてシンプルに。リーフプランツは異なる3種にしましたが、1種を3株植えても。存在感のある花なので、リーフプランツを入れない「3A」でも、存在感のある "単植寄せ植え" になりますよ。

A ガーデンシクラメン
　 'ベリッシマ'
B ヘーベ
C カルーナ 'ガーデンガールズ'
D プラチーナ

鉢のサイズ／直径22cm、高さ27cm

A パンジー'夢色スミレ'
B コレオプシス
C スイートアリッサム

鉢のサイズ／直径19㎝、高さ19㎝

3種の花のみで見栄え抜群の簡単寄せ植え

秋からの王道花材、パンジー。寒さに強くて花色も豊富、春ま
で長く楽しめる、言うことなしの花です。まずはシンプルに、パン
ジー＋2種の花で植えてみましょう。リーフプランツを入れなくても、
草丈が高い花、しだれる花などと合わせれば、種類が少なめで
も存在感抜群の寄せ植えになります。

FOR BEGINNERS

25

小さめ寄せ植えをたくさん作って楽しもう

ビオラを3ポット使った「3A」ベースに、5種のリーフプランツを
プラスしました。気温が下がり、水やりの頻度が低くなるこの
時期こそ、〝小さめ寄せ植え〟をたくさん作って、一緒に飾っ
ても楽しいですよ。その際、鉢のトーンや素材を統一すると、
おしゃれなシーンができあがります。

A ビオラ'神戸べっぴんさんビオラ 夢紡ぎ'
B ハツユキカズラ（株分け）
C プラチーナ（株分け）
D コクリュウ（株分け）
E ロニセラ 'ゴールド'（株分け）
F クローバー（株分け）

鉢のサイズ／（植えつけ部分）
　20㎝×14㎝、高さ13㎝

A パンジー（紅赤）
B 小輪パンジー（オレンジ）
C ストック（薄ピンク）
D ネメシア
E フェリシア'フェリシティブルー'
F カルーナ

鉢のサイズ／直径24cm、高さ23cm

締め役の濃い花色のパンジーがポイント

花材が豊富な晩秋。同系色でまとめる寄せ植えに慣れてきたら、締め色を入れる寄せ植えにも挑戦してみては。淡い色の中に濃い色めの花や葉をプラスすると、全体がぼやけることなく締まります。花径が大きめのパンジーを入れるとインパクト大。玄関先のウエルカムコンテナにしてもいいですね。

取っ手つきのブリキ鉢をプレゼント仕様に

ハンギングできる長方形のブリキ鉢に、草丈が低めのネメシアとビオラを2種入れて、小さいけれど目を引く寄せ植えに。手前にはライム色がさわやかなヘリクリサムを加えました。土の表面にココヤシの繊維を敷いておめかしして、花好きな方へのプレゼントにしたらきっと喜ばれますよ！

A ビオラ‘ポンセヴェールCoCo’
B ネメシア
C ヘリクリサム‘ライムミニ’

鉢のサイズ／19cm×12cm、高さ10.5cm

小花と繊細な葉ものでやさしげな雰囲気

小花と葉ものをほぼ左右対称に配置した寄せ植え。草丈がある
ネメシアは後方に、小輪ビオラを真ん中に、スイートアリッサム
は鉢の縁からこぼれ咲くように。繊細なリーフプランツを合わせ
ると、やさしげにまとまります。同様にネメシアとスイートアリッサ
ムを使った動画がありますので、あわせて見てみてくださいね。

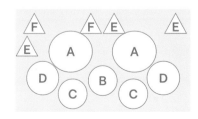

A ネメシア'バナナスワール'
B ビオラ'ビオレッタ'
C スイートアリッサム
D シルバーレース
E ウンシニア'エバーフレーム'（株分け）
F ソフォラ'リトルベイビー'（株分け）

鉢のサイズ／
　28㎝×16㎝、高さ15㎝

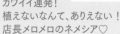

YouTube
オニちゃんねる

【寄せ植え】
カワイイ連発！
植えないなんて、ありえない！
店長メロメロのネメシア♡

切り花も寄せ植え
第2ステージも
楽しめる

宿根して翌年もよく咲く秀逸な花、ラナンキュラス 'ラックス'。その存在感を引き立たせるために、草丈が低めの花で株元を覆いました。この寄せ植えは'ラックス'を切り花にしたあと、さらに楽しめるのがポイント。丸みのあるポンポンとした形の花々が春遅くまで咲きますよ。

A ラナンキュラス 'ラックス ケラモス'
B プリムラ 'エムズコレクション'
C サクラソウ'マーブルスター ピンク'
D ネメシア '小春'
E プリムラ・ジュリアン(バラ咲き)
F アネモネ'ポルトダブル'
G オレガノ'ケントビューティー'

鉢のサイズ／直径30㎝、高さ27㎝

YouTube
オニちゃんねる

【寄せ植え】
小春日和な寄せ植えを
大人気のラナンキュラス・ラックスで♪
店長のやさしさが滲み出ている…

つる性ならではの伸びやかな株姿を生かして

早春に向けて鉢苗として出回ることが多いハーデンベルギアを寄せ植えのメインに。つる性の常緑樹なので、ほかの草花にはない伸びやかな動きが出せます。濃いグリーンの葉も白いマーガレットを引き立てる役目に。霜に当てなければ、寒い時期から春まで長く楽しめます。

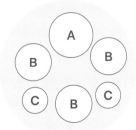

A ハーデンベルギア
B マーガレット
C ワイヤープランツ'スペード'

鉢のサイズ／直径26㎝、高さ35㎝

お手軽なミックス苗1種だけで簡単&かわいい

当店の冬の人気アイテムのひとつ、「ビオリッサム」。ビオラとスイートアリッサムが1ポットに入っているミックス苗です。これを8ポット、均等にリングバスケットに植え込むだけで、かわいらしいウインターリングが完成！　はじめてのリングバスケット作りにも強力におすすめします。ビオラのウインターリングの動画も参考にしてみてくださいね。

A ビオリッサム（ビオラと
　　スイートアリッサムのミックス苗）

リングバスケットのサイズ／
　直径34cm、高さ9.5cm

YouTubeオニちゃんねる

【寄せ植え】
最強カワイイ！
リングバスケットは実は
誰にでもできる!?　ビオラ編

A ポインセチア（赤）
B ポインセチア（ライム色）
リングバスケットのサイズ／
直径34cm、高さ9.5cm

クリスマス気分全開のウインターリング

真っ赤なポインセチアはクリスマスには欠かせないアイテム。リースに
リボンがかかっているようなイメージで、赤だけでまとめずに1株だけ
ライム色のポインセチアを入れました。ポインセチアは寒さに弱いの
で、このウインターリングは寒風が当たらない明るい軒下で楽しむ
のがおすすめです。

FOR BEGINNERS

エレガントなプリムラをセレクト

ピンク色の鉢にフリルのプリムラ・ジュリアンをメインにして、ラブリーに。プリムラはさまざまな花がそろっているので、自分好みの花をチョイスするのが楽しいんです。C〜Fのリーフプランツを入れずに、2種の花を単純に配置するだけでも〝ばえる寄せ植え〟になりますよ。

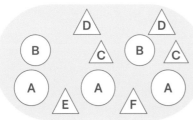

A プリムラ・ジュリアン 'ポンポンラパン'
B ビデンス 'キャンプファイヤー オレンジスパーク'
C ハクリュウ（株分け）
D プリペット（株分け）
E コプロスマ・キルキー（株分け）
F オレガノ 'ヘレンハウゼン'（株分け）

鉢のサイズ／30cm×16cm、高さ14.5cm

クリスマスローズ＋リーフのみで上級者風

単植で楽しむことが多いクリスマスローズですが、この'氷の薔薇'は寒い時期から春まで次々と花がよく咲く品種。せっかく長く楽しめるので株元にリーフプランツを植えて、シックな寄せ植えに。さまざまな色めのリーフを選ぶと、クリスマスローズの赤花と濃い葉が引き立ちます。

A クリスマスローズ
　　'氷の薔薇 イタリアーノ'
B オレガノ 'ヘレンハウゼン'
C ヘデラ'白雪姫'
D シルバータイム

鉢のサイズ／直径23㎝、高さ23㎝

35

僕のホームグラウンド!
「元気で活きのいい植物&マルシェ オニヅカ」

僕が店長を務める「元気で活きのいい植物＆マルシェ オニヅカ」は、福岡県朝倉郡筑前町ののどかな田園地帯にあります。広い店内には、季節の草花、観葉植物、鉢花、ハーブに多肉植物、果樹や樹木苗、鉢や資材まで、園芸用品全般をとりそろえています。地元の新鮮野菜や特産品を扱うマルシェもおすすめ。そのほかにもアロマサロンやドライフラワー専門店、カフェ、休憩スペースも。工夫を凝らした楽しいイベントも随時開催しています。ぜひ僕のホームグラウンドに遊びに来てくださいね!

第2章

ちょっと
頑張って作りたい
寄せ植え

寄せ植え作りに慣れてきたら、もう一段階ブラッシュアップ!
個性的な花を使ってみたり、少し大きめの寄せ植えや
リングバスケットに挑戦するのもいいですね。
ぜひ僕の寄せ植えでイメージをふくらませてみてくださいね。

spring 春の寄せ植え

3月ごろから春の花苗が続々と入荷してきます。
単植でも映えるペチュニアやカリブラコアなどは、
リーフプランツと合わせることで表情が複雑になり、
ググッと"腕を上げた感"が出るのです！

ライム色と暖色は
淡めのカラーで
なじませよう

同系色でまとめても映えるライム色のペチュニアに、ピンクやパープルをプラスして表情に変化をつけました。反対色でも淡い色を合わせることで、ライム色とうまくなじみます。鉢の縁から垂れ下がるトレニアのつぼみもライム色。季節が進むにつれ、次々と花が咲いて上品なブルーの彩りが加わります。

A ペチュニア'クリームソーダ'
B アンゲロニア（パープル）
C チェリーセージ'ゴールデンガール'
D ペンタス（ピンク）
E トレニア'カタリーナ ブルーリバー'
F ユーフォルビア
　'ダイアモンドフロスト'
G オレガノ
鉢のサイズ／直径26cm、高さ20cm

個性的なペチュニアと銅葉の上品なコラボ

高級感が漂うスクエア形の鉢は、渋いパープルの花と銅葉を中心にして色合わせを楽しみましょう。ペチュニア'ミスマーベラス'は、花色が安定していて株姿もよく、寄せ植えにおすすめ。特にユーフォルビアのこまかい白花（苞）と相性バッチリです。新芽が黒いセンリョウもほどよい存在感を出します。

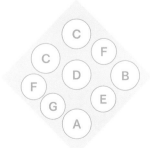

A ペチュニア'ミスマーベラス'
B ベゴニア（銅葉）
C チェリーセージ
D キンギョソウ'ブロンズドラゴン'
E ユーフォルビア'ダイアモンドフロスト'
F 黒葉センリョウ'ダークチョコレート'
G ロニセラ'レッドチップ'
鉢のサイズ／21cm×21cm、高さ22cm

上に向かって伸びる植物で
ボリューミーに

立ち性のペチュニアに合わせて、チェリーセージやラグラスなど、上に立っていく植物を集めました。ボリュームがあって自由な雰囲気がいいでしょう？　色めはペチュニアに合わせて、赤の濃淡を混ぜこぜに。真っ白な鉢はハードルが高そうに思えますが、赤系の花を引き立ててくれるおすすめのアイテムなんです。

A ペチュニア
B チェリーセージ'フレーム'
C 斑入りキンギョソウ'クレバータッチ'
D ペンタス
E ライスフラワー
F ラグラス
G 斑入りタイム
H オレガノ
　'ケントビューティー'
I ラグラス

鉢のサイズ／
　直径24cm、高さ28cm

A ペチュニア
　'モンローウォーク ペールモーブシルバー'
B アゲラタム
C フレンチラベンダー
　'リトルビー ブルーホワイト'
D コンボルブルス・クネオルム
E クローバー'カトレアクローバー'
F ヘリクリサム（株分け）
鉢のサイズ／直径18cm、高さ20cm

濃い鉢色でモーヴカラーの花を引き立てて

モーヴカラーのシックな花色が映えるよう、濃いブルーの鉢に植え込みました。トーンを合わせたアゲラタムやフレンチラベンダーは、脇役ながらそれぞれの風情を醸し出しています。白い花を咲かせているコンボルブルス・クネオルムはシルバーリーフがきれいで、リーフプランツとしても使えるおすすめの花材です。

個性派の主役を生かしてくれる名脇役の花

インパクトのあるペチュニア'ナイトスカイ'は、合わせる花やカラーリーフをうまく選んで〝寄せ植えの顔〟に。穂状に花を咲かせるサルビア・ネモローサ、風に揺らぐように咲くニゲラやハツコイソウ、濃い花色のヘリオトロープなど、ブルー～パープルの濃淡を集結させました。ラミウムやヘリクリサムがその花たちをつなぎます。

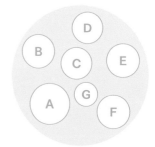

A ペチュニア'ナイトスカイ'
B ヘリオトロープ
C サルビア・ネモローサ'カラドンナ'
D ニゲラ 'ブルースター'
E ハツコイソウ
F ラミウム
G ヘリクリサム'シルバースノー'
鉢のサイズ／直径28cm、高さ25cm

ピンクの濃淡で存在感のあるひと鉢に

どの花も主役といってもいい、春によく咲く花が満載の寄せ植え。手前に植えたカリブラコアはレースで縁取りしたようなダブルの花。これから大きく広がってたくさんの花を咲かせます。ほかにも個性のある花を集めて、色は同系色に。ユーフォルビアも花（苞）が薄いピンクの品種を合わせています。

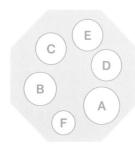

A カリブラコア
　'スーパーベル ダブルチェリーリップル'
B ペラルゴニウム
　'グランパッソプラス スウィートピンク'
C フレンチラベンダー 'バルセロナローズ'
D アゲラタム 'コスモグラフィー'
E ユーフォルビア'スターブラスト'
F トラディスカンティア'ラベンダー'
鉢のサイズ／23cm×23cm、高さ22cm

贈りものにしたくなるシックなバスケット

アンティークな花色が人気のペチュニア'カプチーノ'は、深紅のアイビーゼラニウムと絶妙にマッチ。花形や花姿もまったく異なるので、どちらにもバランスよく目が行きます。線が細いソフォラやカレックス、万能なユーフォルビアも入れて仕上げれば、プレゼント用の寄せ植えになりますよ。

A ペチュニア'カプチーノ'
B アイビーゼラニウム'トミー'
C ユーフォルビア'ダイアモンドフロスト'
D トラディスカンティア'ラベンダー'
E ソフォラ'リトルベイビー'（株分け）
F カレックス（株分け）

バスケットのサイズ／30㎝×26㎝、高さ18㎝

A カリブラコア'ペティ ダブルサクラローズ'
B ダイアンサス 'ディアス'
C フクシア
D ユーフォルビア'ダイアモンドフロスト'
E オレガノ'ケントビューティー'

鉢のサイズ／直径24㎝、高さ27㎝

混ざり合う花すべてが主役の寄せ植え

株姿がやや暴れるタイプのカリブラコア'ペティ ダブルサクラローズ'。花の雰囲気が似ていて一瞬見分けがつかないダイアンサスを混ぜ合わせてみました。さらにフクシアでやわらかな雰囲気に。ダイアンサスは日本の気候に合っていて丈夫で育てやすい花。バリエーションも豊富なので、寄せ植えにどんどん使いましょう！

脚つきのカップ形の鉢で
ペチュニアをもっとおしゃれに

ペチュニアの寄せ植えをおしゃれに見せるコツの
ひとつが鉢選び。おすすめは脚つきのカップ形
の鉢！ プラスチック製の軽いタイプもさまざまな
ものが出ているので、ぜひ植えてみてください。
手前のワイヤープランツは2つに分けてから横長
に並べて、縁から垂れ下がるようにすれば、より
エレガントな仕上がりに。

A ペチュニア'モンローウォーク ベールヴァルド'
B ペチュニア'ビバ カプチーノ'
C ペチュニア'ジュリエット モダンワイン'
D ユーフォルビア'ダイアモンドフロスト'
E ワイヤープランツ'スポットライト'（株分け）
F カレックス（株分け）
G オレガノ'ケントビューティー'
　（株分け）
H ソフォラ'リトルベイビー'
　（株分け）

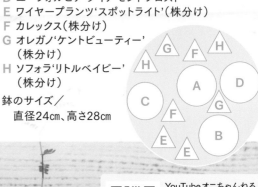

鉢のサイズ／
　直径24cm、高さ28cm

YouTubeオニちゃんねる
【寄せ植え】
ペチュニアを
おしゃれに見せる極意！

A バーベナ '春色くれよん　バーベナ　くれない'
B カリブラコア'春色くれよん　八重咲きカリブラコア　ぴんく'
▲ 株分けしたユーフォルビア 'ダイアモンドフロスト '、
　オレガノ 'ケントビューティー '、ヘデラ、
　ワイヤープランツ 'スポットライト '、
　ペラルゴニウム・オーストラーレなどをランダムに
リングバスケットのサイズ／直径35㎝、高さ11.5㎝

YouTubeオニちゃんねる

【寄せ植え】
ほぼノーカットの
リアル実演2連発☆

春の花が満載の
リース型ナチュラルバスケット

壁にかけずに置いて楽しむナチュラルな素材のリース型バスケットは、普通の鉢と同様に植えればOK。2種の花を均等に3ポットずつ交互に配置したあとは、自由に株分けしたリーフプランツを植えていきましょう。カッチリと規則的に植え込むよりも動きが出て、にぎやかな寄せ植えになりますよ。

春に出回るアジサイを
いち早く寄せ植えに

アジサイは梅雨時の花のイメージですが、近年は開花株が春の早めの時期から店頭に出回ります。小さめの苗を見つけたら、ぜひ寄せ植えに使ってみましょう。日陰でも育つスパティフィラムや線の細いソフォラを合わせることで、ダイナミックかつさわやかなひと鉢が完成します!

A 西洋アジサイ(青紫)
B 西洋アジサイ(赤)
C スパティフィラム
D ソフォラ'リトルベイビー'(株分け)
鉢のサイズ／直径24cm、高さ33cm

カラーリーフをメインにして上級者風に

カラフルなビタミンカラーの寄せ植えと対照的な、シックをきわめた大人のカラーリーフ寄せ植えです。ベゴニアは小さなダブルの花が咲きますが、ツヤのある銅葉も生かしています。全体が茶系のトーンなので一見、地味ですが、リーフプランツ主体で構成した寄せ植えは、見る人に「やるな!」という印象を与えられるんです。

A ベゴニア'ダブレット ピンク'(銅葉)
B ヒューケラ'ドルチェ メープルファッジ'
C カラーリーフフクシア
D ヘデラ(株分け)
E プテリス(株分け)
F トラディスカンティア'ラベンダー'(株分け)

鉢のサイズ/直径23cm、高さ14cm

低木がメインの
ホワイト寄せ植え

ヤマアジサイやオオデマリなどの低木を入れて、ちょっとぜいたくに。花が終わったら、寄せ植えをばらして個々に植えつけて翌年も楽しみます。フランネルフラワーは人気の花ですが、やや苦手意識のある方も多いのでは。育て方のコツを「オニちゃんねる」で解説していますので、ぜひチェックしてみてくださいね!

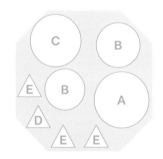

A ヤマアジサイ(白)
B フランネルフラワー
C オオデマリ
D ハクリュウ(株分け)
E オレガノ
　'ケントビューティー'(株分け)
鉢のサイズ／
　27cm×27cm、高さ25cm

YouTube オニちゃんねる

【寄せ植え】
もう失敗しない!
フランネルフラワー
寄せ植え

元気があふれ出る多色のマリーゴールドが主役

この寄せ植えは、第1章でご紹介した「3A3B」がベース。1ポットに多色の花が入ったマリーゴールドを使えば、植え方はシンプルなのに全体が複雑に混ざり合っているように見えてかなりお得です! ゴールデンウイークごろ、徐々に強くなってくる日ざしに元気な花色がよく映えます。

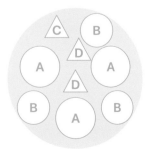

A マリーゴールド(ミックス苗)
B ラミウム'スターリングシルバー'
C リシマキア・ヌンムラリア(株分け)
D ロータス'ブリムストーン'(株分け)
鉢のサイズ／直径22cm、高さ10cm

日ざしが強くなり気温も上昇してくる初夏からは、
暑さに強い植物でダイナミックな寄せ植えにチャレンジ！
大きめの鉢に植えたり、株元が蒸れないように注意して、
夏も寄せ植えを楽しみましょう。

これぞ最強！
暑さに強い
"最強夏花"が集結

猛暑が続く近年。この時期は暑さに強い植物を選んで、その力を存分に発揮してもらいましょう。エキナセア、センニチコウ、ペンタス、ニチニチソウなどはまさに"最強夏花"。暖色の花に白花もしっかりと効かせることで暑苦しい印象になりません。頼れる植物とともに暑さも楽しみましょう！

※この寄せ植えの作り方は94〜95ページで紹介しています。

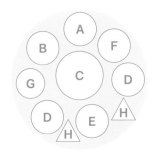

A エキナセア
　'ダブルスクープ ラズベリー'
B センニチコウ
　'ストロベリーフィールズ'
C 八重咲きペンタス'ライカ ピンク'
D ランタナ'ふんわりもこりん'
E ニチニチソウ
　'ビンカ かざぐるま レッド'
F セイロンライティア
G ユーフォルビア
　'ダイアモンドフロスト'
H ツルニチニチソウ（株分け）
鉢のサイズ／直径25㎝、高さ26㎝

白花の中にちらりと見える赤がポイント

夏の定番ともいえるホワイトづくしの寄せ植えは、すべて真っ白でまとめるのもよいですが、今回はニチニチソウの花びらから赤をのぞかせてみました。花びらが完全に開ききらないタイプのニチニチソウなので、ほんのり赤が見える程度なのがポイントです。見た目は涼しげなのに、暑さには強い植物ばかりですよ。

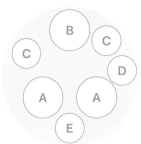

A ニチニチソウ'ビンカみき'
B アンゲロニア 'エンジェルフェイス ホワイト'
C チェリーセージ
D ユーフォルビア'ダイアモンドフロスト'
E ピレア・グラウカ'グレイシー'
鉢のサイズ／直径21㎝、高さ21㎝

玄関まわりに 飾りたくなる ライムカラー寄せ植え

夏に咲く花で、おすすめのカラーのひとつがライム系。イエローとはまた違ったさわやかさがあり、夏の日ざしにもバッチリ合います。メインの花はエキナセアとルドベキア。白花やシルバーリーフも入れ込むと、少し落ち着いた雰囲気になります。鉢もエキナセアの花色に近い色を選びました。

A エキナセア‘ハニーデュー’
B ルドベキア ‘アーバンサファリ フォレストグリーン’
C ディスカラーセージ
D カリオプテリス ‘スターリングシルバー’
E アンゲロニア ‘エンジェルフェイス’
F ジャスミン ‘フィオナサンライズ’
G シジギウム

鉢のサイズ／
　25㎝×25㎝、高さ34㎝

夏を元気に乗り越えてくれるイエローの花と実

夏はこっくりとしたイエローの花が映える季節。花形や枝ぶりなど個性が異なる黄色の花を集めて、さらにトウガラシなど実ものも入れたにぎやかで楽しいひと鉢。セイロンライティアの白花がアクセントになっています。水ぎれだけしっかり気をつければ、日当たりのいい場所に置いて楽しめますよ。

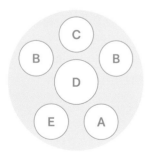

A ニチニチソウ‘ミニナツ’
B セイロンライティア ‘バニラクラッシュ’
C コレオプシス ‘グランディフローラ バリエガータ’
D コウシュンカズラ
E 観賞用トウガラシ

鉢のサイズ／直径22㎝、高さ23㎝

YouTubeオニちゃんねる

【寄せ植え】
遅れてきた最強夏花
『コウシュンカズラ』で
暑さに負けない
寄せ植え作り＆裏技 (^^)/

L'OLIVE DU BONHEUR

1468

QUOTIDIEN HEUREUX

パープルとブルーの濃淡で上品な雰囲気に

夏に咲くおなじみの花から、パープルとブルーの花色を集めてリングの中に散らしました。ちらちらと咲く小花ばかりなので、どれも主張せずなじみます。葉色が美しいヘデラやトラディスカンティアなどの葉ものは株分けして入れました。サマーリングは選ぶ植物しだいでこんなにシックにも作れるんですよ。

A アゲラタム
B トレニア
C ロベリア（薄パープル）
D アメリカンブルー
E ロベリア（白）
F ヘデラ'白雪姫'（株分け）
G トラディスカンティア'ラベンダー'（株分け）
H オレガノ'ケントビューティー'（株分け）
リングバスケットのサイズ／
　　直径34㎝、高さ9.5㎝

赤、黄、ピンクの花に銅葉で、派手に楽しく！

夏は色がはっきりしているものが映えるので、強い日ざしに対抗するくらいの派手さでまとめてみました。ベゴニアの花色は白、赤、ピンクの3色、葉色も緑葉と銅葉を使っているので変化を出せます。ヒポエステスの葉色も別々の色を3色チョイス。ルールにとらわれず、遊び心を入れて楽しむのがいちばん！

A サンビタリア
B ベゴニア（白、赤、ピンク）
C ヒポエステス（白、赤、ピンク）
D ロニセラ 'ゴールド'（株分け）
E ヘデラ（株分け）
F ヒペリカム 'トリカラー'（株分け）
リングバスケットのサイズ／
　　直径34cm、高さ9.5cm

※このリングバスケットの作り方は100〜101ページで紹介しています。

かわいい花が際立つシンプルサマーリング

平たく花が開くニチニチソウ（ビンカ）と、正面から見ることが
多いリングバスケットは相性抜群。かわいらしい花が生きるよ
う、合わせる葉ものは最小限にしたサマーリングです。ニチ
ニチソウの葉はこっくりとした濃い緑なので、リーフプランツは
印象が異なる斑入り葉や細葉を合わせると効果的です。

A ニチニチソウ'ビンカ びーだま オレンジ'
B ハツユキカズラ（株分け）
C ミスキャンタス
リングバスケットのサイズ／
直径34㎝、高さ9.5㎝

YouTubeオニちゃんねる

【寄せ植え】
サマーリングの主役がまさかのアレ！
夏のリングは半日陰でリーフが楽♪

リーフプランツだけで作る
カラフルリング

花がひとつも入っていないとは思えないほどカラフル。複雑そうに見えて植え方は簡単です。株分けできる苗を数種類選んで3〜5つくらいに分け、それらを3〜4つ束ねてセット苗にしてから、リングバスケットに均等に植えるだけです。YouTube「オニちゃんねる」で植えつけ方を解説していますので、まねして作ってみてくださいね！

A 株分けできる
　ヒポエステス、トラディスカンティア、
　コリウス、ピレア、フィットニア、
　クリプタンサス、シンゴニウムを
　それぞれ3〜5つくらいに
　株分けし、分けた株を
　ランダムに3〜4つ束ねたセット苗
リングバスケットのサイズ／
　直径28㎝、高さ9㎝

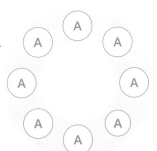

花も葉っぱも実も
満載の豪華バスケット

傘咲きのガーデンシクラメンなど、僕の好きな植物を全部入れた、秋〜冬のおすすめ素材凝縮寄せ植え！　バスケットは春〜夏に限らず通年使えるアイテムで、特に長方形は植え込みやすいですよ。並べ方自体は左右対称にしていますが、植物はきっちりと対称にはせずに微妙に変えているのがポイントです。

A　ガーデンシクラメン‘ペチコート’
B　チェッカーベリー
C　スイートアリッサム
D　イングリッシュデイジー
E　アワユキエリカ
F　カルーナ
G　ハツユキカズラ（株分け）
H　スキミア
I　ストック
J　ネメシア
K　オレガノ‘ケントビューティー’（株分け）
L　ロフォミルタス
M　カレックス（株分け）
N　ビオラ
バスケットのサイズ
　／40cm×23cm、高さ20cm

A　ガーデンシクラメン
　　‘フェアリーピコ’
B　ガーデンシクラメン
　　‘クレヨン’
C　ビオラ‘レインボーウェーブ’
D　アワユキエリカ
E　ピティロディア
　　‘フェアリーピンク’
F　カレックス（株分け）
G　ハツユキカズラ（株分け）
H　クローバー（株分け）
鉢のサイズ／
　　直径20cm、高さ20cm

ガーデンシクラメンを
さらにかわいく
華やかに！

丸弁の八重咲きとストライプ柄という個性の異なるガーデンシクラメン2種がメイン。その間をつなぐように同系色のビオラも入れ、草丈の出るリーフプランツを合わせました。春になるとピティロディアはベル形の花を咲かせるので、寄せ植え全体がボリュームアップしますよ！

YouTubeオニちゃんねる

「【寄せ植え】
園芸ガイドを動画で!?　可愛すぎる！
たけいち農園のガーデンシクラメン特集」

おしゃれパンジー＋カラーリーフで
クールなイメージに

毎年、多彩なパンジー＆ビオラがお目見えする秋。エキゾチックな雰囲気が漂うパンジーには、ブラック系など全体を締めるカラーリーフを合わせてクールにまとめましょう。寒さで紅葉したヒサカキの葉色もうまく使って。取っ手つきのバスケットならカジュアル感も程よくプラスできますよ！

A バンジー'うえたパンジー マシェリマダム'
B ビオラ'神戸べっぴんさんビオラ みはなだ'
C ヒサカキ
D クローバー（黒）
E クローバー（赤）
F キンギョソウ'ブロンズドラゴン'

バスケットのサイズ／28cm×12cm、高さ14cm

F B F
E C D A C

低木の動きを生かした存在感のあるひと鉢

草丈がある花が少ない秋〜冬は、低木を寄せ植えの背後に使うのも手。全体に高さやボリューム、動きが出て、印象が強くなります。手前にビオラやリーフプランツを入れ、奥に向かって徐々に高くなるよう配置するのがコツ。高さのある鉢を選んで、バランスよく植え込んでみてください。

A 中輪ビオラ（アンティーク系）
B 小輪ビオラ（イエロー）
C ユーフォルビア'フロステッドフレーム'
D ヒサカキ
E コンボルブルス
F カラスバセンリョウ
G オレガノ
H ギョリュウバイ
I エリカ

鉢のサイズ／直径27cm、高さ25cm

春の日ざしが恋しい晩秋～冬にホッとできる花色

ネメシアらしさが漂うイエロー系でまとめた寄せ植え。晩秋～冬に春を彷彿させるやわらかい花色と、締め色のブルーの鉢でコントラストをつけています。裏ワザとして、パンジーと株分けしたロータスはあらかじめセットにしてから植え込んでいます。ピンク系、パープル系など、好みの色でのアレンジも自由自在ですよ！

※この寄せ植えの作り方は90～91ページで紹介しています。

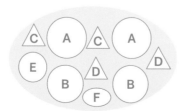

A ネメシア‘ネシア サンシャイン’
B パンジー
‘ナチュレ クリアレモン’＋
ロータス‘ブリムストーン’（株分け）
C ロニセラ‘レモンビューティー’（株分け）
D タイム（株分け）
E カルーナ‘バレリーグリフィス’
F スイートアリッサム

鉢のサイズ／30㎝×18㎝、高さ15㎝

A ビオラ'神戸べっぴんさんビオラ ミカさん'
　（2024年新品種）
B ネメシア'コットン'
C ネメシア（パープル×白のバイカラー）
D スイートアリッサム
E カルーナ
F ヘリクリサム・シアンスチャニカム
G ハクリュウ
H ヘーベ'ハートブレイカー'

バスケットのサイズ／直径27cm、高さ15cm

やさしい花色と黒いバスケットの
コントラストが粋

耐水性のある黒いバスケットに、淡いピンク～パープルの花とシルバーリーフを合わせてコントラストをつけました。優雅な中輪ビオラと細かい花がチラチラと咲くネメシア、スイートアリッサム、カルーナがベストマッチ。秋に作って、冬の間はもちろん、春にボリュームアップした姿も楽しめますよ！

ビオラのリングバスケットの
お供にネメシアを

秋からのリングバスケットといえばビオラが定番。その
相方におすすめなのがネメシア！　ビオラの対角線上
に小花が入って豪華さがアップするんです。冬の間は
ネメシアも草丈が伸びないので、作ったときの状態を
キープ。株分けした好みの葉ものをランダムに入れて、
オリジナリティーを出しましょう。

A ネメシア‘レモンスカッシュ’
B ビオラ
▲ 株分けしたロニセラ・ニティダ、
　　プラチーナ、ヘリクリサム‘バリエガータ’、
　　ロータス‘コットンキャンディー’、
　　カルーナ・ブルガリスなどをランダムに

リングバスケットのサイズ／直径34㎝、高さ9.5㎝

A ビオラ（ローズピンク）
B ネメシア‘セブンスヘブン’
C コプロスマ‘サンレッド’
D ギョリュウバイ
E エリカ（ファイアーヒース）
　‘アカツキレッド’
F ロフォミルタス‘マジックドラゴン’
鉢のサイズ／直径22㎝、高さ17.5㎝

甘くなりすぎない大人ピンクでおしゃれに

全体をピンク系でコーディネートした、ラブリーながら多様な魅力がある寄せ植えです。手前はビオラとネメシアという推しのコンビ。やや高めのエリカやギョリュウバイは、細い枝と細かい花がちらちらと見えるように後方に。ロフォミルタスの葉と茎の色が、おしゃれ度をアップさせてくれます。

晩秋に作るシックなクリスマス寄せ植え

濃い緑の葉と赤いつぼみのスキミアを中心に、プランター型の鉢に植えて小さな花壇のように。各所に入れた多種の植物は、植える前の〝下ごしらえ〟が大事。根はていねいにほぐし、下葉もきれいに取り除くなどして整えます。クリスマスを意識していますが、春まで長く楽しめる、ちょっと豪華な寄せ植えです。

A ビオラ'フロステッドチョコレート'
B パンジー'ポンゼヴェールCoCo'
C スキミア
D ネメシア'セブンスヘブン'
E オステオスペルマム
F カルーナ
G カレックス'アウバウム'（株分け）
H ヘーベ'ハートブレイカー'
I オレガノ（株分け）
J クローバー
K ロフォミルタス'マジックドラゴン'（株分け）

鉢のサイズ／32cm×15cm、高さ18cm

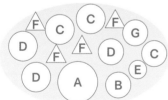

A ビオラ（ピンクパープル）
B スイートアリッサム（ライトパープル）
C スイートアリッサム（白）
D ハボタン（ミックス苗）
E 黒葉ケール
F カルーナ（株分け）
G シロタエギク

バスケットのサイズ／26㎝×20㎝、高さ10㎝

ハボタンを花に見立てた華やかバスケット

葉色、葉形、質感などさまざまなラインアップがあるハボタン。大きめの花として扱えるような華やかさがあり、晩秋から重宝する素材です。ビオラやスイートアリッサムとともに、ナチュラルな素材のバスケットにランダムに植え込みました。ヤシの繊維で土の表面を覆うと、よりプロっぽい仕上がりに。

YouTubeオニちゃんねる

「寄せ植え」
葉ボタンは、冬のバラ…ウィンターローズ☆
キャベツなんかじゃない！おしゃれプランツなんです！

花色でシンメトリーに見せる裏ワザ

渋いブラックの鉢に合わせて、手前は落ち着いた花をセレクト。奥には花首の長いガーデンシクラメンやネメシアを入れています。一見、左右対称に見えるのは、花色でシンメトリーに近い配置にしているから。こんなふうに"遊び"を入れるのも、植物選びや寄せ植え作りの楽しさでもあるんです！

A ビオラ‘神戸ビオラ バニーバイオレット’
B ビオラ‘神戸ビオラ ブルージャスミン’
C スイートアリッサム（ライトパープル）
D スイートアリッサム（濃パープル）
E プラチーナ
F ネメシア
G ハボタン（ミックス苗）
H ガーデンシクラメン
I エリカ‘バレリーグリフィス’
J カレックス（株分け）
鉢のサイズ／60cm×23cm、高さ23cm

A 踊りハボタン
B ハボタン'朱音（あかね）'
C ハボタン（多粒まき苗を株分け）
D ネメシア'メロウ カナリアイエロー'＋
　株分けしたロータス'ブリムストーン'
E ビオラ'プレミアムビオラ ブロンズピンク'
F スイートアリッサム（ピンク）
G ロータス'ブリムストーン'（株分け）
H カルーナ
I シロタエギク（株分け）
J ラミウム（株分け）
バスケットのサイズ／直径24cm、高さ21cm

キャベツの類いだなんて呼ばせない
ゴージャス感

僕が"ウィンターローズ"と呼ぶおしゃれプランツ、ハボタン。キャベツ風のハボタンをバラのように見せるには、そのまま植えずに下の枯れ葉や外側の葉をとって形をていねいに整えること（109ページで解説）。あとは植える高さを調節して季節の草花と合わせれば、ゴージャスな寄せ植えが完成します！

YouTubeオニちゃんねる
【寄せ植え】
オシャレに葉ボタンを寄せ植えする
ビッグポイント教えちゃいます！

ミニバラと合わせて優雅なイメージに

ハボタンと一言で言っても、表情はさまざま。この寄せ植えの中心に入れた白い斑入り葉のハボタンは、中心のピンクが濃いので、花にも葉にも見えて存在感たっぷり。パンジーやスイートアリッサムも同系色をチョイスしました。さらにミニバラを後方に入れたことで、全体がドレッシーな雰囲気に。

A ハボタン（白斑）
B ハボタン（黒葉）
C ミニバラ（ピンク）
D スイートアリッサム（ラベンダー）
E パンジー‘ポンゼヴェールCoCo’
F ヘーベ‘ハートブレイカー’
G ヘデラ‘白雪姫’（株分け）
H ロータス‘ブリムストーン’（株分け）

鉢のサイズ／直径27cm、高さ23cm

A ハボタン（ピンク、紫、白など）
B ビオラ‘うえたビオラ
　　レインボーウェーブ ピーチ’
C ビオラ‘ピンクラビット’
▲ 株分けしたワイヤープランツ‘スポットライト’、
　　セダム・スプリウム‘トリカラー’
　　（コーカサスキリンソウ）などをランダムに

鉢のサイズ／直径26cm、高さ23cm

ハボタンを縁取りにしたオリジナルスタイル

鉢の中心部を土で盛り上げて立体感を出し、オリジナリティーあふれる寄せ植えを作ってみました。鉢の周囲にずらりと植えたハボタンは、華やかな縁取りとなりつつ、土留めの役目もしています。土をうまく盛れない場合は、土は平坦なままで、草丈のある花や葉ものを鉢の中心に植えても立体感を出せますよ。

寒さで動きが鈍くなるシーズンですが、真冬だって
植物色に毎日を染めましょう。耐寒性のある草花を使った寄せ植えや、
この季節こそ挑戦してほしいリングバスケットなど、おすすめが満載です！

早春を思わせる
パステル系の
花を集めて

鉢にインパクトがある分、全体がしっくりとまとまるよう、花も葉ものもやわらかい色を集めました。特にサクラソウ 'ウインティー' はさわやかなライムグリーンが春を呼んでくれそう。使いやすいベーシックな鉢もよいですが、こんな遊び心のあるデザインの鉢もたまに使ってみるのもおすすめです。

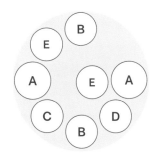

A サクラソウ
　　'ウインティー ライムグリーン'
B ネメシア '小春'
C イベリス
D ロータス'ブリムストーン'
E オレガノ'ユノ'
鉢のサイズ／直径23㎝、高さ26㎝

寒くてもよく咲く小花は冬の強い味方

春の花のイメージが強いデイジーですが、このイングリッシュデイジーは寒い時期でもよく咲いてくれます。同じく目が黄色く花形も似ているブラキカムや、フリルがエレガントなプリムラ・ジュリアンと合わせて、コンパクトながら華のあるひと鉢に。1月ごろの園芸店には、こんな魅力的な花々がズラリと並んでいますよ。

※この寄せ植えの植えつけ方は92〜93ページで紹介しています。

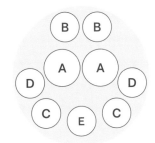

A イングリッシュデイジー'ロリポップ'
B ブラキカム'姫小菊 サンドピンク'
C プリムラ・ジュリアン'バーニングフレア'
D ロータス'コットンキャンディー'
E ラミウム'スターリングシルバー'
鉢のサイズ／直径21.5㎝、高さ17㎝

赤を集合させた渋めのクリスマスリング

植物の成長が緩慢な冬はリングバスケット作りにおすすめの季節。クリスマスを意識して、黒っぽい赤花、真っ赤な実、ピンク寄りの銅葉など、いろいろな赤を集めました。落ち着いたトーンなので、もちろんクリスマスが過ぎても「赤系ウインターリング」として、春まで長く楽しめます。

A ハボタン '朱音（あかね）'
B ビオラ 'るびーももか '
C カルーナ 'ガーデンガールズ '
D ミスキャンタス
E チェッカーベリー
▲ ヘデラ '白雪姫 '、クローバー 'ティント '、ハツユキカズラ、プラチーナをランダムに（株分けできるものは株分けして）

リングバスケットのサイズ／直径34cm、高さ9.5cm

YouTubeオニちゃんねる
【寄せ植え】
ミニ葉ボタンで圧倒的に差がつく！
ウィンターローズ（冬のバラ）リングバスケット☆

A ハボタン 'フリリアージュ'
B プリムラ・ポリアンサ 'アートカラー'
▲ 株分けしたワイヤープランツ 'スポットライト'、
　ロータス 'ブリムストーン'、ウエストリンギア、ハクリュウ、
　メラレウカなどをランダムに
　（株分けできるものは株分けして）
リングバスケットのサイズ／直径34㎝、高さ9.5㎝

ハボタンとリングバスケットは最高のコンビ!

早春までほとんど草姿が変わらないハボタンは、丸い形をキープしたいリングバスケットに最適な素材。同じく低めの草丈を保つプリムラとともに4株ずつ均等に植えました。さらにリーフプランツをランダムに加えるだけでこの完成度！　ハボタンのリングは動画でも強力に推しているのでぜひチェックしてくださいね。

まさに冬のバラが満開のリング

1ポットにピンクやクリーム色の葉色が混じっているハ
ボタンのミックス苗を使って、やわらかな色めでまとめ
ました。リーフプランツは、斑入り葉や葉脈がきれい
なヘデラやルメックスを選んでいます。多種の植物が
入り交じるなかで、ウィンターローズ(ハボタン)がひと
きわ輝くよう。この華やかさは花にも劣りませんよ!

A ハボタン'ロマンブーケ'
B スイートアリッサム
C ビオラ
D ルメックス
▲ 株分けしたヘデラ'白雪姫'、ハツユキカズラ、
　 ハクリュウ、メラレウカ、ルメックスなどを
　 ランダムに(株分けできるものは株分けして)

リングバスケットのサイズ／直径34㎝、高さ9.5㎝

A ビオラ 'ビッツ シトラス '
B ヒューケラ
C カルーナ・ブルガリス
▲ ハクリュウ、ヘデラ（斑入り）、ハツユキカズラ、
　コプロスマ、イワナンテン、ロータス 'ブリムストーン ' を
　ランダムに（株分けできるものは株分けして）
リングバスケットの大きさ／直径34cm、高さ9.5cm

黄色の花とリーフプランツで
初冬の紅葉風に

株ごとに微妙に黄色〜オレンジの濃淡が出るビオ
ラを黄葉と見立てて、ブラウン系のヒューケラ、
寒さで赤く染まったカルーナ・ブルガリスをプラス。
ちょっと遅めの紅葉をリングバスケットで表現して
みました。白い斑入りのヘデラやハクリュウの白
を散らすことで、より"紅葉感"が引き立ちます。

展示販売&通販も!
オニヅカの厳選寄せ植え

本書で紹介しているような季節の寄せ植えは、「オニヅカ」の店内にて常時バラエティー豊かに展示販売しています。寄せ植えを目当てに来られる方も多くて、ありがたいことです。店内は写真撮影OKなので、気に入った寄せ植えを写真に撮って見本にし、花材や鉢をそろえて購入されるお客さまも。遠方でお店に来られない方のためには、オニヅカ公式通販サイト「オニ通」でも寄せ植えを展開していますよ。

スタッフも元気で活きがいい!
オニヅカファミリー

日ごろ、多岐にわたる業務を行ってくれているスタッフたち。20年以上の付き合いで信頼度抜群の副店長、動画制作から広報までこなすミカさんをはじめ、入社して数年のスタッフたちも日に日に成長しながら「オニヅカ」を支えてくれています。YouTube「オニちゃんねる」にもときおり出ているスタッフもいるので、お客さまも少しずつ顔を覚えてくださっているよう。店内で見かけたら声をかけてみてくださいね!

☺ **謎のベールに包まれた"ミカさん"**

YouTube「オニちゃんねる」冒頭の「店長、今日は何を教えてもらえるんですか?」というセリフでおなじみの"ミカさん"。毎回声は聞けても顔や姿は未公表という謎の存在です(笑)。ミカさんを捜索するお客さまが、ほかのスタッフに「あなたがミカさんですか?」とたずねてくることもしばしば。オニヅカに足しげく通っていれば、いつかは遭遇できるかも!?

(上)ヒントはこの後ろ姿!
(右)なんとミカさんの名前がついたビオラ'神戸べっぴんビオラ ミカさん'も登場(2024年新品種)。

第3章

オニちゃん直伝
寄せ植えの
作り方

ここからはさまざまな寄せ植えの作り方をご紹介します。
植え方の基本さえ覚えてしまえば、堅苦しいルールはなし。
季節、使う植物や鉢によって、無限大にアレンジができるようになります。
とにかく楽しんで作ることがいちばんですよ！

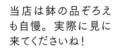

オニちゃん流

寄せ植え作りのポイント

寄せ植えの基本ルールは「好きな花で楽しく作ること」。
そこに、ちょっとしたポイントをプラスするだけで、
できばえに違いが出てきますよ。

▍鉢選びはイメージをふくらませて

寄せ植えを作る際の大事な要素、鉢選び。形、大きさ、色、素材などさまざまなものがあるので迷いますね。そんなときは、最初から鉢と植物をワンセットで選ぶのがおすすめです。「かわいらしく小さめに」「玄関に飾れるよう豪華に」などとイメージをふくらませると、寄せ植えの方向性が見えて、鉢選びもしやすくなりますよ。

当店は鉢の品ぞろえも自慢。実際に見に来てくださいね！

見栄えのするリングバスケットもおすすめ。使ったことのない人もぜひ！

どこに飾りたいかを考えると、鉢の大きさや色などを絞りやすくなる。

▍ツールをうまく活用しよう

僕の作業台には、寄せ植え作りに欠かせないものがいつも置いてあります。それらがあると植えつけ作業がスムーズになるし、寄せ植えのできばえもよくなるんです。このように自分が使いやすいツールをひとそろえ用意しておくといいですよ。

「オニちゃんねる」でもおなじみ、愛用の根かき棒。根に負担をかけずに根鉢をほぐせる秀逸アイテム。

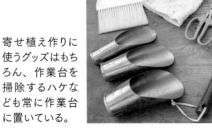

寄せ植え作りに使うグッズはもちろん、作業台を掃除するハケなども常に作業台に置いている。

寄せ植え作りに必須の手拭き用ぞうきん。まめに手を拭きながら植えれば、花や葉に土がつかず、きれいな仕上がりに。

株分けじょうずになろう

僕の寄せ植えになくてはならない、リーフプランツの株分け。このテクニックを覚えてしまえば、寄せ植えのバリエーションは無限大に広がります。最初は難しく感じるかもしれませんが、習うより慣れろで、手で覚えていってくださいね。

「オニヅカ」では、株分けしやすいリーフプランツにはPOPを立ててお知らせ。

手で裂くように分ける

ロータス 'ブリムストーンのほか、ハツユキカズラやプラチーナなどもこの分け方ができます。

株元が何本かに分かれている苗の根鉢の底をほぐす。水やりを控えておくとほぐしやすい。

株元から両手で裂くようにして、2〜5つほどに分ける。根を無理やり引っ張らないように。

ナイフで2つに切る

しっかりと根が張っているタイムなどは、ナイフを使って分けることもできます。

株の真ん中くらいにナイフを入れる。根鉢を真っ二つにするイメージ。

ナイフで切る場合は、小分けにはできないのでせいぜい2つまでにする。

店内の見本鉢や POP を参考に!

寄せ植えを作るとき、完コピ(まね)から始めるのは上達への近道。「オニヅカ」では、四季を通じて多くの寄せ植えを展示しています。写真撮影もOKなので、参考にしつつ植物や鉢を選んでみては。売り場では推しの植物や説明のPOPも立ててあるので、選ぶときに役立ててください。

ぜひ使ってみてほしい植物や、特徴などをわかりやすく表記。植物選びに迷ったら参考に!

「オニヅカ」はどの季節も寄せ植えワンダーランド。さまざまなタイプの寄せ植えを多数展示している。

夏じゅう楽しめる

超簡単「3A」寄せ植え

寄せ植えがはじめてという方にまずおすすめなのが、
1種類×3ポットの植え方。単純なのに〝ばえ度″は抜群！
特に春〜夏の寄せ植えに効果絶大ですよ。

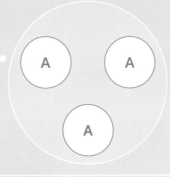

これだけで形が決まる！

基本中の基本「3A」

僕がよく「オニちゃんねる」で使う用語、「2A2B」「3A3B」など。数字はポット数、アルファベットは植物の種類を指しています。この「3A」は3ポット、好きな花を1種類選んで植えるだけ。特に春から夏の花、ニチニチソウやペチュニアなどにおすすめ、成功必至の植え方です。ぜひお試しを！

用意するもの

苗 A　ニチニチソウ '夏色くれよん
　　　日日草 こいもも '×3ポット

鉢（直径24㎝、高さ26㎝のテラコッタ鉢）、
鉢底ネット、鉢底石、培養土、
緩効性肥料、土入れ

①

初夏に作って夏じゅう楽しみたいので、鉢は通気性のよいテラコッタ製を使用。鉢底ネットを敷く。

②

そのあとに鉢底石を鉢の高さの¼〜⅓ほど入れる。暑い時期は鉢底石も少し多めにして水はけよく。

③

初夏〜夏は、とくに水はけのよい培養土を使うのが大事。小粒の赤玉土や鹿沼土、ぼら土などを混ぜると、水はけがよくなる。

4 元肥として緩効性肥料を規定量入れるが、多すぎると夏場はストレスに感じる場合もあるので、多肥にならないように注意。

5 ニチニチソウをポットから出す。ニチニチソウの類は根が繊細なので、あまり根を触らず根鉢もくずさないようにする。

6 株元に黄色くなっている葉などがあったら手でとってから、1株めを植える。

7 引き続き2株めも植える。3株がそれぞれ正三角形の点の位置にくるようにスペースを確保する。

8 最後の3株めも、株元をチェックしてから位置を確認して植える。

9 苗を植え終わったら、苗と苗の隙間に培養土を足し入れる。

10 培養土を入れ終わったらふんわりと指で軽く押さえる。ギューギューと強く押しつけないように。

完成！

シンプルなのにかわいい！ ニチニチソウは暑さには強いけれど、長雨には当てないように管理しましょう。

3Aベースなのにボリューミー！

八重咲きペチュニアの寄せ植え

15ページで紹介した寄せ植えは、植え方はシンプルなのにまるでプロの仕上がりに。ぜひ完コピしてみてください！

用意するもの

苗 A ペチュニア ‘ギュギュ ダブルラベンダー ’×3ポット
B ユーフォルビア ‘ダイアモンドフロスト ’×1ポット
C トラディスカンティア ‘ラベンダー ’×1ポット
D ハゴロモジャスミン ‘ミルキーウェイ ’×1ポット
E ミスキャンタス ×1ポット

鉢（直径24㎝、高さ26㎝のテラコッタ鉢）、
鉢底ネット、鉢底石、培養土、緩効性肥料、土入れ

1 鉢底に鉢底ネットを敷いてから鉢底石を鉢の高さの⅓ほど入れる。さらに培養土を⅓程度入れてから緩効性肥料を規定量入れる。

2 ペチュニアをポットからはずし、肩の土をとる。終わりかけの花や株元に傷んだ葉があれば取り除く。

3 根鉢の底に根が回っていたら、ほぐしとる。

4 根鉢のほぐし方はこの程度でOK。

5 ペチュニアは蒸れを防ぐために、やや浅植えに(82ページ参照)。鉢の縁からあふれ出るように、苗の向きを考えて植える。

6 ペチュニア3株を真上から見て正三角形になるように植える。これで寄せ植えの骨格のできあがり。

7 ユーフォルビアをポットから出し、ペチュニアと同様に根鉢を調整する。正三角形に植えたペチュニアの中央に植えつける。

8 ペチュニアを植えた正三角形の一辺(ペチュニアとペチュニアの間)に、鉢から垂れ下がるようにトラディスカンティアを植える。

9 別の一辺に、茎の動きが出るように向きを考えながらハゴロモジャスミンを植える。同様に根鉢をほぐしたミスキャンタスも植える。

10 すべての植物を植え終えたら、土入れを使って、株と株の隙間に土を足す。

11 「オニちゃんねる」でもおなじみの「軽く指を入れる、穴があく、土を入れる」で、まんべんなく土を入れる。

完成!

最後に葉の向きなどを調整してできあがり。植えつけ後はたっぷり水やりをし、日当たりのよい場所に。肥料はきらさないようにしましょう!

「3A3B」でシンプル&華やか！

ビオラとネメシアの寄せ植え

84～85ページで紹介した「3A」に、
「3B」をプラスしたベーシック寄せ植え。
「花＋花」はもちろん、
「花＋葉」などアレンジもしほうだいなので、
基本の植え方として覚えてくださいね。

用意するもの

苗　A　ネメシア 'ピーチパイ' ×3ポット
　　B　ビオラ 'ブルービーコン' ×3ポット

鉢（直径18cm、高さ16cmのテラコッタ鉢）、
鉢底ネット、鉢底石、培養土、緩効性肥料、土入れ

1 鉢底に鉢底ネットを敷いてから鉢底石を鉢の高さの⅓ほど入れる。

2 培養土を鉢の高さの⅓程度入れてから元肥として緩効性肥料を規定量入れる。

3 ネメシアをポットからはずし、肩の土をとる。根かき棒を使って、根鉢を軽くほぐす。

4 ネメシア3株で三角植えにする（正三角形を作る）イメージで、1株めを手前に植える。

5 同様に残りのネメシアも根鉢を調整して植える。これで「3A」の植えつけが完了。

6 ビオラの苗のほうが小さいので、植えつける前に土を足す。

7 ビオラをポットからはずし、根が回っていたら手でほぐしとる。根鉢の側面は手でもむようにしてほぐす。

8 ネメシアの間にビオラも三角植えにする。これで「3A3B」が完成!

9 苗と苗の隙間に土を足す。

10 土を足したら、軽く指を入れる。穴があいたら、再度土を入れる。

11 手についた土をぞうきんで拭いてから、苗をそれぞれさわって全体を整える。

完成!

〝シンプル イズ ベスト〟「3A3B」寄せ植え。この植え方なら、意外な色どうしを合わせても必ずきれいにまとまります!

89

小ワザを使ってていねいに！

ネメシアの寄せ植え

実はちょっとした小ワザを使っている
ネメシアの寄せ植え（64ページで紹介）。
ていねいに作ると、あとから差が出るんです！

用意するもの

苗 **A** ネメシア‘ネシア サンシャイン’×2ポット
　 B パンジー‘ナチュレ クリアレモン’＋
　　　 ロータス‘ブリムストーン’（株分け）×2セット
　 C ロニセラ‘レモンビューティー’×1ポット（株分け）
　 D タイム ×1ポット（株分け）
　 E カルーナ‘バレリーグリフィス’×1ポット
　 F スイートアリッサム ×1ポット

鉢（30cm×18cm、高さ15cmのブリキ鉢）、
鉢底ネット、鉢底石、培養土、緩効性肥料、土入れ

1 鉢底に鉢底ネットを敷いてから、鉢底石をひと並べする。その上に培養土を鉢の高さの半分程度まで入れ、緩効性肥料を規定量入れて、培養土と混ぜ合わせる。

2 ネメシアをポットから抜きとり、肩を少しほぐす。黄色くなっている葉があればむしりとってから、鉢の後方に2株植える。

3 ロニセラを2つに株分けする。両手で左右に裂くようにして分ける。

小ワザ **1**

4 株分けしたロニセラを2カ所に植える。ネメシアの近くに植える際、ネメシアに触れて茎が折れてしまわないよう、横から回し込むように植えるとよい。

5 株分けしたロータス'ブリムストーン'と、根鉢と肩を少しほぐしたパンジーを合体させて、セット苗を2つ作る（108ページ参照）。

6 ⑤で作ったセット苗をネメシアの前方2カ所に植える。その後、株分けしたタイムも植える。

7 スイートアリッサムは根をいじられるのを嫌う植物のため、ポットから出したら根鉢を両手で押して、根鉢の形を平べったくする。

8 ⑦で根鉢の形を調整したスイートアリッサムを手前に植える。さらにカルーナもポットから出して植える。

9 すべての苗を植え込んだら、苗の周囲や鉢の中央に培養土を足す。足し終わったら指先で土を軽く押す。

10 指で押して穴があいたところにさらに手で土を足していき、指の1関節分くらいのウオータースペースをつくる。

11 最後にすべての植物に触れながら、バランスなどを調整する。

完成！

身近な花苗とリーフプランツで、こんなにかわいい寄せ植えのできあがり。秋に作って、春まで長く楽しめますよ。

91

寒い時期も華やかに楽しめる

冬の花で作る寄せ植え

冬は園芸のオフシーズンと思っている方、
寒さに強い花、たくさんあるんです！
植え方はシンプルなのに、かわいさ抜群の
寄せ植えを飾って楽しみましょう。（75ページで紹介）

用意するもの

苗 A イングリッシュデイジー ‘ロリポップ’ ×2ポット
　 B ブラキカム ‘姫小菊 サンドピンク’ ×2ポット
　 C プリムラ・ジュリアン ‘バーニングフレア’ ×2ポット
　 D ロータス ‘コットンキャンディー’ ×1ポット（株分け）
　 E ラミウム ‘スターリングシルバー’ ×1ポット（株分け）

鉢（直径21.5cm、高さ17cmのプラスチック製）、
鉢底ネット、鉢底石、培養土、緩効性肥料、土入れ、ハサミ

1 鉢底に鉢底ネットを敷き、鉢底石を鉢の高さ¼程度を入れてから、緩効性肥料を混ぜた培養土を半分くらいまで入れる。

2 ブラキカムをポットから出し、株元の枯れている葉をとり、根鉢の肩の土を少し落とす。底の根がまわっていたら軽くほぐす。

3 植えつけ図のように、鉢の奥のほうに2ポット植えつける。

4 ブラキカムと同様にイングリッシュデイジーも下準備をしてから、鉢の中央に植える。苗が小さくて沈んでしまう場合は、下に土を足して高さを合わせる。

5
プリムラも枯れている葉があれば先にとってから、鉢の手前側に2ポット植える。

6
ロータスをおおよそ半分くらいのところで、2つに株分けする。

7
ロータスをプリムラの後方に入れる。

8
ラミウムも2つに株分けし、そのうちひとつを手前に植える。

9
すべての苗を植え終わったら、苗と苗の間に土を足し入れる。

10
土をひととおり入れ終わったら、いつもの「軽く指を入れる、穴があく、土を入れる」を一周する。

11
全体のバランスを見ながら、ロータスの長い茎を切るなど調整をする。

完成！

寒さに強いとはいえ、霜に当てないほうが花の傷みは少ないです。水は土が乾いたらたっぷりと与えてくださいね。

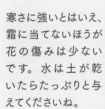

93

暑くても元気な花を集めた

最強夏花の寄せ植え

猛暑が続く夏は、暑さに強い
最強のメンバーを集めた寄せ植えでパワフルに！
夏の日差しの下で元気に咲く花から
エネルギーをもらえますよ。（52ページで紹介）

用意するもの

苗 A エキナセア 'ダブルスクープ ラズベリー
　 B センニチコウ 'ストロベリーフィールズ '
　 C 八重咲きペンタス 'ライカ ピンク '
　 D ランタナ 'ふんわりもこりん '
　 E ニチニチソウ 'ビンカ かざぐるま レッド '
　 F セイロンライティア
　 G ユーフォルビア 'ダイアモンドフロスト '
　 H ツルニチニチソウ（株分け）を各1ポット

鉢（直径25cm、高さ26cmのテラコッタ鉢）、鉢底ネット、
鉢底石、培養土、緩効性肥料、土入れ

1 鉢に鉢底ネットを敷いてから、鉢底石を鉢の高さの¼程度入れる。その上に培養土を鉢の高さの半分程度まで入れ、緩効性肥料を適量混ぜる。

2 暑い時期は苗にストレスをかけないよう、必要最低限の作業にする。エキナセアの根鉢をこぶしで軽くたたいて土を落とし、蒸れないよう株元の葉を取り除く。

3 株（花）の向きを見ながら鉢のいちばん奥に植える。高さは、最終的に鉢のふちから指の1関節分くらいウオータースペースを確保できるように調節する。

4 エキナセアの右側にセイロンライティアを、左側にセンニチコウを植える。苗の前後があるので、寄せ植えの正面を意識しながら植えていく。

5 他の花を入れていくことを意識しながらペンタスを植える。ユーフォルビアは同じ白花のセイロンライティアと対角線上になるように位置を決めるとバランスがいい。

6 ランタナもセンニチコウと対角線上になる位置に植え込む。苗の高さがそろうよう、足りないところには土を足し入れる。そのあと手前にニチニチソウを植える。

7 ツルニチニチソウは2つに株分けをする。株元の分けられそうな位置から、両手で左右に引いて分ける。

8 株分けしたツルニチニチソウをニチニチソウの両側にバランスを見ながら植え入れ、つるを鉢の外に垂らす。これで苗の植えつけは完了。

9 鉢の周りと、中央部分の苗と苗との隙間に土を足し入れる。

10 土を入れたら、軽く指をさし入れ、へこんだところにはさらに土を足す。

11 最後に全体のバランスを見ながら苗をさわって、余分な葉や伸びている花などをとる。

完成！

どの植物も乾燥には強いですが、水ぎれには注意。夏の間も成長するので追肥も忘れずに。花や茎が伸びてきたらカットして、切り花として楽しみましょう！

花たちが踊っているような

春ウィダンス
寄せ植え

春は多彩な植物が店頭に並ぶうれしい季節。
踊り出したくなるワクワクした感を表現した
"春（シャル）ウィダンス寄せ植え"です！

用意するもの

苗 **A** フクシア 'ジョリーズ グランデ'
　 B フェリシア 'フレンズ アジャーブルー'
　 C ユーフォルビア 'ダイアモンドフロスト'
　 D ロベリア '春色くれよん ロベリア しろ'
　 E オレガノ 'ケントビューティー'（株分け）
　 F クリーピングタイムを各1ポット

鉢（直径24cm、高さ18cmのファイバーセメント製）、
鉢底ネット、鉢底石、培養土、緩効性肥料、土入れ

1 鉢に鉢底ネットを敷いてから、鉢底石を鉢の高さの¼程度入れる。

2 その上に培養土を鉢の高さの半分程度まで入れ、緩効性肥料を適量、培養土に混ぜる。

3 木立性のフクシアをポットから出し、肩の土と下のほうの葉をとり、根鉢をほぐす。根かき棒を使うと便利。

4 根鉢をほぐしたフクシアを正面から見て後方に植えつける。

5 フェリシアもフクシアと同様に、根かき棒を使って根鉢をほぐす。

6 フクシアの左手前にフェリシアを植えつける。株の高さが合うように途中で土を足して調整する。

7 フェリシアの反対側、フクシアの右手前に、同じく根鉢をほぐしたユーフォルビアを植える。

8 2つに株分けしたオレガノをフェリシアの手前に植える。

9 手前中央に、根鉢をほぐしたロベリアをふんわりとするように植える。

10 クリーピングタイムを右手前に、鉢からしだれるように入れて植えつけ完了。

11 土を足し入れてから軽く指を入れ、穴があいたらさらに土を足す。最後にすべての苗にさわって全体のバランスをみる。

木立性のフクシアを中心にした春らんまんのひと鉢に。動きのあるものを植えなくても、躍動感たっぷりです!

完成!

ウィンターローズの実力発揮！

ハボタンの華やか寄せ植え

花に匹敵する華やかさを醸し出せる
ウィンターローズ＝ハボタン。
これをメインに、花が入っていないとは思えない
豪華な寄せ植え、作っちゃいましょう！

用意するもの

苗 **A** 株分けしたハボタン 'ベビーベビー'（ミックス苗）＋
　　　メラレウカ 'マウンテンファイヤー' を合わせたセット苗
　B ハボタン 'ヴィンテージベイン'×3ポット
　C ハボタン 'ベビーベビー'（ミックス苗）×2ポット（株分け）
　D ハツユキカズラ '冬化粧'×2ポット（株分け）

バスケット（直径19cm、高さ20cmのラタン製）、
鉢底石、培養土、緩効性肥料、土入れ、ハサミ

① バスケットの内側にビニールが貼ってあるので、底の中央部分にハサミで穴をあけ、水抜き穴を作る。

② 鉢底石をひと並べし、その上に緩効性肥料を規定量加えた培養土をバスケットの¾くらいの高さまで入れる。

③ 1ポットに4〜5本苗が入っているハボタンを2〜3本に株分けする。メラレウカも株分けし、分けられたら3〜4つに分ける。

④ ③で株分けしたハボタンとメラレウカをバランスよく束ねて、セット苗を作る。

5 ④で束ねたセット苗をバスケットの中央に植え込む。

6 ⑤の周りに、残りのハボタンを配置する。植えるというよりは挿すような感覚で、ハボタンの顔がよく見えるように。

7 ハツユキカズラを株分けする。可能な限りこまかく株分けするとよい。

8 分けたハツユキカズラを、ハボタンとハボタンの隙間に差し込むように植える。

9 植え終わったら、鉢の縁や株間に土を足していく。

10 株元に指を入れて確認し、隙間ができたらさらに土を足す。

11 全体のバランスを見て、飛び出ている茎などがあればハサミでカットする。

完成！

ほら、まるでバラがびっしりと咲いているみたいでしょ？ハボタンの魅力が全開の華やか寄せ植え、ぜひ作ってみてください！

夏こそ派手にカラフルに！

元気あふれる
サマーリング

四季を通じて楽しめるリングバスケット。
夏に作るサマーリングは、
秋〜冬よりも少なめの苗で植え込みます。
色めはホットカラーで元気よく（57ページで紹介）。

円を6分割するイメージで、
均等にメイン花材
（A×3、B×3）を植える。

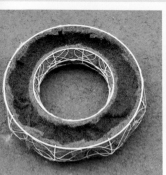

用意するもの

苗 A サンビタリア×3ポット
　 B ベゴニア×3ポット
　 C ヒポエステス×3ポット
　 D ロニセラ‘ゴールド’（株分け）
　 E ヘデラ（株分け）
　 F ヒペリカム‘トリカラー’（株分け）を各1ポット

リングバスケット（直径34cm、高さ9.5cm）、
培養土、緩効性肥料、土入れ、水ごけ

1

苗を植え込んだあとに使う水ごけ
を水につけておく。

2

あらかじめ規定量の緩効性肥料
を混ぜておいた培養土を、バス
ケットの半分くらいの高さまで入
れる。

3

サンビタリアをポットから出して肩
の土をとる。根鉢は、指を上か
ら下に動かして土を軽くほぐす。

4

植えつけ図の**A**の位置にサンビタ
リアを入れる。リングの中で正三
角形を作るイメージ。

5

同様にベゴニアも根鉢を調整し
てから、サンビタリアとサンビタリ
アの真ん中に植え込む。

6

サンビタリアとベゴニアを植え込
み終わったところ。このあと**C**の
位置にヒポエステスを植え込む。

7 ヒポエステスを植えたら、葉ものを入れるが、株分けした小さな株を入れるので、少し土を足しておく。

8 ヒペリカムを2つに株分けする。株元を見て、分けられるところから両手でていねいにさくようにする。

9 分けたヒペリカムをバランスを見ながら隙間に植えていく。リーフプランツは対称に植えず、ランダムでOK。

10 ヘデラ、ロニセラも株分けしてから植える。茎が長い場合は、バスケットの内側に植えて外側に茎を出すようにするとよい。

11 すべての苗を植え終わったら、培養土を足す。バスケットの高さギリギリまでなるべくたくさん入れる。

12 水で湿らせておいた水ごけを適量とり、両手のひらに挟んで転がすようにし、棒状にする。

13 棒状にした水ごけを、バスケットのフレームのきわに挟み込む（押し入れるように入れるのがコツ）。まずは外周を一周。

14 外周に入れ終わったら、内周にも同じように棒状の水ごけを入れ込む。

15 最後は「オニちゃんねる」でおなじみの〝美人さんタイム〞。全体のバランスを見ながら、葉ものの長い茎などを微調整する。

完成！

土がしっかり入り、水ごけが土留めになっているから、さかさまにしても苗も土も落ちてこない。夏のリングバスケットは乾きやすいので、まめな水やりを心がけましょう！

作ったままの形を長く楽しむ

リボン仕立ての
ウインターリング

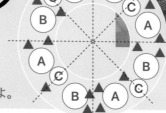

とくにリングバスケット作りに
おすすめなのが晩秋〜冬。
植物の成長が緩慢な時期なので、
作ったときの状態を長く保ったまま楽しめますよ。

円を8分割するイメージで、均等にメイン花材（A×4、B×4）を植える。

用意するもの

苗 A ビオラ（クリームイエロー）×4ポット
　 B ビオラ（オレンジ色）×4ポット
　 C スイートアリッサム（ピンク）×4ポット
　 ▲ プラチーナ、ヘデラ '白雪姫'、コプロスマ、ベアーグラス、斑入りジャスミン 'ミルキーウェイ'、ロニセラ 'オーレア' をランダムに（株分けできるものは株分けして）

リングバスケット（直径34cm、高さ9.5cm）、培養土、緩効性肥料、土入れ、水ごけ

1 100ページと同様に、水ごけを水につけておき、緩効性肥料を適量混ぜた培養土をバスケットの半分程度の高さまで、入れておく。

2 Aのビオラをポットから出し、根鉢をほぐす。左が調整前、右が調整した後の株。これくらいまでほぐすと植え込みやすくなる。

3 調整したAの株を植え込む。植えつけ図のAの位置4カ所に十字に植えつけていく。

4 Aのビオラを4カ所に植え終わった状態。

5 Aと同様に、Bのビオラも根鉢を調整した後、AとAの間、4カ所に植えつける。

6 AとBの隙間に、培養土を高さ¼くらい足しておく。

7 スイートアリッサムを植えつけ図の Cの位置に植える。ビオラと違い、スイートアリッサムは根鉢をくずさずに入れる。

8 4カ所にスイートアリッサムを植えた状態。今回は花を見せるというよりはリーフプランツがわりの役目。

9 リーフプランツをそれぞれ株分けする。両手で根鉢を左右にさくようにするのがコツ。プラチーナなどは5つくらいに細かく分けられる。

10 株分けしたプラチーナを隙間にランダムに入れていく。ほかのリーフプランツも同様に、好きなところに入れ込んでOK。

11 ベアーグラスも分ける。細いリボンで覆うような雰囲気にしたいので、細かく分けてバスケットのところどころに植え込む。

12 植え込み完了。ベアーグラスはリボンのようにふわりと、つる性の斑入りジャスミンはフレームに沿わせるように植えた。

13 全体に指を入れ、穴があいたところに土を足していく。先にフレームの外側に入れ、次に内側もしっかりと。

14 水につけておいた水ごけを棒状にし、フレームの外側の縁に一周、指でキュッキュッと押し込むように入れる。

15 外側を一周したら、内側も同様に水ごけを一周押し入れる。

16 最後に全体を見て葉の向きなどを整える。フレームから植物が飛び出しすぎないようにすると完成度がアップ！

完成！

明るくて動きのあるウインターリングのできあがり！　日当たりのよい場所で管理し、様子を見ながらこまめに水やりを。春まで長く楽しめますよ。

きれいに長く楽しむための 寄せ植えの 裏ワザ&管理レクチャー

せっかく作った寄せ植えは長く楽しみたいですよね。
そこで、季節や植物に合った育て方や管理のしかた、ちょっとした裏技などをお教えします！

Spring

ペチュニア&カリブラコアを うまく活用しよう

春からの寄せ植えに欠かせない二大巨頭、ペチュ・カリ。
使いこなし方を伝授します！

左がペチュニア、右がカリブラコア。見た目の好みに加えて、それぞれの性質も考慮して選ぶのがおすすめ。

ペチュニアとカリブラコア それぞれの特徴

ペチュ・カリともに同じナス科の花ですが、花や葉の大きさ、花色の展開が異なります。性質的には、ペチュニアのほうが生育旺盛で、カリブラコアは穏やか。まめな切り戻しが必要ない分、手入れがしやすいのはカリブラコアといえます。どちらも耐暑性はありますが、長雨は苦手です。

植えつけ時はやや浅植えに

どちらも長雨や蒸れに弱いという性質があります。蒸れによる傷みを防ぐために、植えつけるときは深植えにはしないこと。通常よりも浅植えにすることによって、株元の風通しがよくなります。

植え込むときに土の量を調整しながら、ウオータースペースをいつもより少なめにする意識にすることで深植えを防げる。

花がら摘みをするときなど、バケツに水を張っておき、手を水につけながらやるといい。

ペチュニアのベタベタ解消法

ペチュニアの花がらを摘むときに、手がベタベタするのがイヤという方、簡単な方法がありますよ。ペチュニアに触る前に、水に手をつけるだけでそのベタベタが解消するんです！ それでも苦手という方は、花も茎もベタベタしないカリブラコアを選ぶといいですね。

肥料ぎれに注意!

ペチュ・カリともに、とにかく肥料が大好き。スポーツ選手、それもラグビー選手やお相撲さんを育てるような感覚で、とにかく食べさせましょう(笑)。下葉が黄色くなってきたら肥料ぎれのサインなので、液肥だけでなく置き肥でも追肥をしっかりとするのがコツ。

つぼみがあり花も咲いているのに株の下のほうの葉が黄色くなっているのは、蒸れによる傷みではなく肥料ぎれ。追肥をすれば葉の色は復活する。

植えつけるときに入れた元肥程度では、肥料好きのペチュ・カリはすぐに空腹状態に。日常的に液肥を与えることはもちろん、定期的な置き肥も忘れずに。

植えつける前にも切り戻しをして、切った花は水に挿して楽しもう。

切り戻し後。枝数と花芽が増えて約2週間程度で再び開花する。

生育旺盛なペチュニアは植えつけ時も切り戻しを

コンパクトな品種も増えてきていますが、総じてペチュニアは大きく広がりやすい性質。きれいな株姿を保つためにも、短期間のサイクルで切り戻しをするのがコツです。また、植えつけるときにも左下の写真くらいまで切り戻しをすれば、約2週間でわき芽が出て枝数と花数が増えますよ。

シンプルな単植もおすすめ

寄せ植えをいろいろ紹介しましたが、ペチュ・カリは単植で楽しむのもおすすめです。きれいなドーム形にまとまるタイプや節間が短く締まって咲く品種なども出ています。どんな株姿で咲かせたいか、品種ごとの性質を見極めて選ぶのもポイントです。

暴れにくくまとまりよく咲くペチュニア'ギュギュ'。手前は一重咲きのスイートピンク、奥は八重咲きのダブルベリー。

カリブラコアは花数が豊富。写真は育てやすいカリブラコア'八重咲きカリブラコア 春色くれよん'。

スマートな水やりで夏を乗り切ろう

〝水やりを制する者こそ夏のガーデニングを制す！〟。
コツをしっかり覚えておきましょう。

水やりの鉄則「株元にていねいに」

水を欲しがっているのは「植物の根っこ」。根にしっかりと届くように株元にていねいに水をあげましょう。上からシャワーのようにかけるのは、水やりではなくて「水まき」。根まで水が行き届かないのでNGです。

GOOD / NG

（左）株元に手を添えて、土に直接水を与えるようにする。（右）上から水をかけるのは、植えつけ直後に花や葉についた土を落とすときのみにしよう。

夏場は朝と晩1日2回が理想

暑さが厳しい間は、水はけのよい土を使い、水やりは朝の涼しいうちと、夕方、日がかげってからの計2回が理想。雨が降っても鉢植えの株元はぬれていないことが多いので、水やり1回にカウントしないほうがベター。

必ず1日2回と決めずに、天候や土の乾きぐあいを見ながら回数を調整する。

水の量は鉢底から滴り落ちるまで

水やりは鉢土の表面だけぬらすのではなく、鉢底から水が滴り落ちるまで。鉢の中全体にまんべんなく水を染み込ませるようにあげるのがコツ。しっかり水やりできると、鉢を持ち上げた際、ずっしり重くなります。

しっかり水やりできると、持ち上げた際、鉢がずっしりと重くなる。

水やりしたあとじか置きは避けて

夏は水やり後の置き場にも注意。鉢底に水がたまらないように、花台やレンガなどの上に鉢を置いて、地面との隙間をつくりましょう。

GOOD / NG

（左）鉢と地面の間に隙間をあけることが大事。（右）地面にじかに置くと、地熱によって鉢の中が蒸れて根腐れが起こりやすくなる。

植物もサマーカットで涼しげに

寄せ植えの姿が乱れてきたら切り戻し（カット、ピンチ、摘芯とも呼びます）を。
見た目はスッキリ、株の養生もできますよ。

BEFORE

AFTER

葉を残しながら
少しずつカット

切り戻しといっても、一気にロングヘアからショートヘアにするのはNG。光合成ができるよう葉を残すことを意識して少しずつカットします。葉をできるだけ残すことで、次の花の復活が早くなります。

（左）植えつけて2カ月弱の寄せ植え。ニチニチソウがよく咲いているこの段階で切り戻す。（右）光合成ができるよう葉を残しつつ、混んでいる茎をすくようにして切り戻し、スッキリした姿に。

一気に深く切らず、まず枝の半分程度で切る。足りなければ少しずつ深く切る。

ヒペリカムも半分程度にカットし、株元に近い葉は残す。

ディコンドラは髪の毛をすくように茎の数を減らし、長い茎はカットする。

ザクザク切らずに
半分くらいに

カリブラコアの寄せ植えも、ハードピンチは株にとってダメージになるので避けよう。1茎ずつ葉のつき方を見ながらていねいにカットします。

（左）ここまで伸びる前にまめに切り戻しをするとよい。（右）一気に切らず半分程度にカットして、しばらく養生させる。

BEFORE

AFTER

カット後は
追肥を忘れずに

カットし終えたら、次の花芽の形成を促すためにも、緩効性肥料を与えます。

ミニ寄せ植えのような 「セット苗」を使いこなそう

花苗とリーフプランツの合わせワザ。
細かく株分けしても、株に負担のない秋〜冬におすすめです。

64ページなどで紹介した寄せ植えに入れている「セット苗」。鉢に植え込む前に、あらかじめ花苗と株分けしたリーフプランツを寄せてセットにしておくテクニックです。セット苗自体が小さな寄せ植えのようなものなので、鉢に植え込むと植物同士のなじみがすごくよくなります。植え込みもしやすいので、寄せ植え初心者の方もぜひトライしてみてください。

ビオラ
×
プラチーナ

ハボタン
×
メラレウカ

ストック
×
ロフォミルタス

セット苗におすすめのリーフプランツ

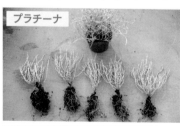

プラチーナ

ヘデラ

ロニセラ

コプロスマ

ベアーグラス

ほかにも、ロータス'ブリムストーン'、ロータス'コットンキャンディー'、オレガノ'ケントビューティー'、ヘリクリサム、カレックス、ハツユキカズラなど、まだまだあります。苗の株元を見て分けられるものは"分け分け"して、花苗と合わせてオリジナルのセット苗を作ってみましょう!

植えつけ前に
ハボタンからウィンターローズに変身

晩秋〜冬の寄せ植えに欠かせないハボタン。
少し手を加えて、見た目を「葉っぱ」から「花」にチェンジさせましょう！

ウィンターリング作りにも不可欠なハボタン。バリエーションも豊富で、使わない手はない素材。ぜひ店頭で手にとってみてください！

そのままでもかわいいけれど、"葉っぱ感"はやや強め。少し調整しよう。

外側の葉を何枚か手でとっただけで、"花感"がアップし、ウィンターローズに変身！

多粒まきのミックス苗は株分けして使えるので便利。ハボタンの根鉢はくずしても大丈夫。

冬の園芸店に並ぶ
花苗もお忘れなく！

寒くてもおすすめの花苗、実はたくさんあります。この時期にこそ豊富にとりそろう植物もあるのでぜひ園芸店へ。ガーデニングにオフシーズンはないですよ！

ツヤツヤした花弁で大人気のラナンキュラス'ラックス'は、1月から花つきの鉢苗が並ぶ。

ネメシアは冬でも元気いっぱい。花色も豊富で香りも楽しめるおすすめの花材。

冬はプリムラが種類豊富。軒下で育てれば、春まできれいに楽しめる品種も多い。

Welcome to
flowonderful life!

おわりに

最高の〝フラワンダフル〟を感じていただけたでしょうか？
やっぱり暮らしに花やグリーンって欠かせませんよね。植物のある生
活がどれほどまでに豊かなものであって、どれほど楽しく心を躍らせ
るものであるか、存分に感じていただけましたよね？

さぁ今度は実際にトライしてみましょう！　今すぐ庭に出て土や花やグ
リーンを触って遊びましょう！　その遊び方や楽しみ方は自由でいい
のです。

〝フラワンダフルな暮らし〟が、この時代を楽しく謳歌する最高のすべ
です。そんな毎日がスタンダードな世の中になりますように。そんなこ
とを思っていたら、また夢中で寄せ植えしたくなっちゃいました(笑)。

最後にこの本の出版に際し、ご尽力いただいたすべてのみなさまに
心より厚く御礼申し上げます。

元気で活きのいい植物＆フルーエ
オニヅカ
井上盛博

井上盛博　Shigehiro Inoue

田園風景が広がる福岡県朝倉郡筑前町の園芸店「元気で活きのいい植物＆マルシェ オニヅカ」店長。年間2000点以上の寄せ植えを制作し、店内で展示。YouTube「オニちゃんねる」では、季節ごとの寄せ植えの作り方や旬の植物の扱い方など、ていねいで親近感のある解説が大人気。

YouTube「オニちゃんねる」@oniduka
Instagram　@ecomarcheoniduka

元気で活きのいい植物＆マルシェ オニヅカ
福岡県朝倉郡筑前町東小田1291
電話　0946-42-8333
https://onidukabiosystem.co.jp/

オニちゃんの
寄せ植えパーフェクト BOOK

2024年4月10日　第1刷発行
2024年5月10日　第2刷発行

著者　　井上盛博
発行者　平野健一
発行所　株式会社主婦の友社
　　　　〒141-0021
　　　　東京都品川区上大崎3-1-1 目黒セントラルスクエア
　　　　電話　03-5280-7537(内容・不良品等のお問い合わせ)
　　　　　　　049-259-1236(販売)
印刷所　大日本印刷株式会社

© Shigehiro Inoue 2024 Printed in Japan
ISBN978-4-07-456869-7

表紙・本文デザイン　矢作裕佳(sola design)
撮影　　黒澤俊宏
　　　　柴田和宣(主婦の友社)
写真協力　エコマルシェ オニヅカ
取材・編集　『園芸ガイド』編集部
校正　　大塚美紀(聚珍社)
編集担当　松本享子(主婦の友社)

■本のご注文は、お近くの書店または
　主婦の友社コールセンター(電話0120-916-892)まで。
　＊お問い合わせ受付時間
　月～金(祝日を除く)　10:00～16:00
　＊個人のお客さまからのよくある質問のご案内
　https://shufunotomo.co.jp/faq/

Ⓡ〈日本複製権センター委託出版物〉
本書を無断で複写複製(電子化を含む)することは、著作権法上の例外を除き、禁じられています。本書をコピーされる場合は、事前に公益社団法人日本複製権センター(JRRC)の許諾を受けてください。
また本書を代行業者等の第三者に依頼してスキャンやデジタル化することは、たとえ個人や家庭内での利用であっても一切認められておりません。
JRRC〈 https://jrrc.or.jp
eメール：jrrc_info@jrrc.or.jp　電話：03-6809-1281〉

本書は雑誌『園芸ガイド』の掲載記事に新規の記事を加え、編集したものです。